中华人民共和国
全国人民代表大会常务委员会
议事规则

中国法制出版社

中华人民共和国全国人民代表大会常务委员会议事规则
ZHONGHUA RENMIN GONGHEGUO QUANGUO RENMIN DAIBIAO DAHUI CHANGWU WEIYUANHUI YISHI GUIZE

经销/新华书店
印刷/保定市中画美凯印刷有限公司
开本/850 毫米×1168 毫米 32 开　　印张/1.5　字数/20 千
版次/2022 年 6 月第 1 版　　2022 年 6 月第 1 次印刷

中国法制出版社出版
书号 ISBN 978-7-5216-2711-4　　定价：8.00 元

北京市西城区西便门西里甲 16 号西便门办公区
邮政编码：100053　　传真：010-63141600
网址：http：//www.zgfzs.com　　**编辑部电话：010-63141673**
市场营销部电话：010-63141612　　**印务部电话：010-63141606**

目　　录

中华人民共和国主席令

第一一七号

《全国人民代表大会常务委员会关于修改〈中华人民共和国全国人民代表大会常务委员会议事规则〉的决定》已由中华人民共和国第十三届全国人民代表大会常务委员会第三十五次会议于 2022 年 6 月 24 日通过，现予公布，自 2022 年 6 月 25 日起施行。

中华人民共和国主席　习近平

2022 年 6 月 24 日

全国人民代表大会常务委员会关于修改《中华人民共和国全国人民代表大会常务委员会议事规则》的决定

（2022 年 6 月 24 日第十三届全国人民代表大会常务委员会第三十五次会议通过）

第十三届全国人民代表大会常务委员会第三十五次会议决定对《中华人民共和国全国人民代表大会常务委员会议事规则》作如下修改：

一、将第一条修改为："为了健全全国人民代表大会常务委员会的议事程序，保障和规范其行使职权，根据宪法、全国人民代表大会组织法，总结全国人民代表大会常务委员会工作的实践经验，制定本规则。"

二、增加一条，作为第二条："全国人民代表大会常务委员会坚持中国共产党的领导，依照法定职权和法定程序举行会议、开展工作。”

三、增加一条，作为第三条：“全国人民代表大会常务委员会坚持和发展全过程人民民主，始终同人民保持密切联系，倾听人民的意见和建议，体现人民意志，保障人民权益。”

四、将第二条改为第四条，修改为：“全国人民代表大会常务委员会审议议案、决定问题，实行民主集中制的原则，充分发扬民主，集体行使职权。”

五、增加一条，作为第五条：“全国人民代表大会常务委员会举行会议，应当合理安排会期、议程和日程，提高议事质量和效率。”

六、将第三条改为第六条，第一款修改为：“全国人民代表大会常务委员会会议一般每两个月举行一次，必要时可以加开会议；有特殊需要的时候，可以临时召集会议。”

增加一款，作为第二款：“常务委员会会议召开的日期由委员长会议决定。”

七、将第四条改为第七条，修改为：“常务委员会会议有常务委员会全体组成人员的过半数出席，始得举行。

“遇有特殊情况，经委员长会议决定，常务委员会组成人员可以通过网络视频方式出席会议。”

八、将第五条改为第八条，增加一款，作为第三款：“会议日程由委员长会议决定。”

九、将第七条改为第十条，第一款修改为：“常务委员会举行会议的时候，国务院、中央军事委员会、国家监察委员会、最高人民法院、最高人民检察院的负责人列席会议。”

第二款修改为：“不是常务委员会组成人员的全国人民代表大会专门委员会主任委员、副主任委员、委员，常务委员会副秘书长，工作委员会主任、副主任，香港特别行政区基本法委员会主任、副主任，澳门特别行政区基本法委员会主任、副主任，有关部门负责人，列席会议。”

十、将第八条改为第十一条，修改为：“常务委员会举行会议的时候，各省、自治区、直辖市和其他有关地方的人民代表大会常务委员会主任或者副主任一人列席会议，并可以邀请有关的全国人民代表大会代表列席会议。

“遇有特殊情况，经委员长会议决定，可以调整列席人员的范围。”

十一、将第九条改为三条，作为第十二条、第十三条、第十四条，修改为：

“第十二条　常务委员会举行会议的时候，召开全体会议和分组会议，根据需要召开联组会议。

“第十三条　常务委员会分组会议由委员长会议确定若干名召集人，轮流主持会议。

“分组会议审议过程中有重大意见分歧或者其他重要情况的，召集人应当及时向秘书长报告。

“分组名单由常务委员会办事机构拟订，报秘书长审定，并定期调整。

“第十四条　常务委员会举行联组会议，由委员长主持。委员长可以委托副委员长主持会议。

“联组会议可以由各组联合召开，也可以分别由两个以上的组联合召开。”

十二、将第十条改为第十五条，修改为：“常务委员会举行会议的时候，常务委员会组成人员应当出席会议；因病或者其他特殊原因不能出席的，应当通过常务委员会办事机构向委员长书面请假。

“常务委员会办事机构应当向委员长报告常务委员会组成人员出席会议的情况和缺席的原因。

“常务委员会组成人员应当勤勉尽责，认真审议各项议案和报告，严格遵守会议纪律。”

十三、增加一条，作为第十六条："常务委员会会议公开举行。常务委员会会议会期、议程、日程和会议情况予以公开。必要时，经委员长会议决定，可以暂不公开有关议程。"

十四、增加一条，作为第十七条："常务委员会会议运用现代信息技术，推进会议文件资料电子化，采用网络视频等方式为常务委员会组成人员和列席人员履职提供便利和服务。"

十五、将第十一条改为第十八条，第二款修改为："国务院，中央军事委员会，国家监察委员会，最高人民法院，最高人民检察院，全国人民代表大会各专门委员会，可以向常务委员会提出属于常务委员会职权范围内的议案，由委员长会议决定列入常务委员会会议议程，或者先交有关的专门委员会审议、提出报告，再决定列入常务委员会会议议程。"

第三款修改为："常务委员会组成人员十人以上联名，可以向常务委员会提出属于常务委员会职权范围内的议案，由委员长会议决定是否列入常务委员会会议议程，或者先交有关的专门委员会审议、提出是否列入会议议程的意见，再决定是否列入常务委员会会议议程；不列入常务委员会会议议程的，应当向常务委员会会议报告或者向提案人说明。”

十六、增加一条，作为第十九条：“提请常务委员会会议审议的议案，应当在会议召开十日前提交常务委员会。

“临时召集的常务委员会会议不适用前款规定。

“向常务委员会提出议案，应当同时提出议案文本和说明。”

十七、将第十三条改为第二十一条，第二款修改为：“任免案、撤职案应当附有拟任免、撤职人员的基本情况和任免、撤职理由；必要的时候，有关负责人应当到会回答询问。”

十八、将第十四条改为第二十二条，第一款修改为：“常务委员会全体会议听取关于议案的说明。内容相关联的议案可以合并说明。”

第二款修改为：“常务委员会全体会议听取议案说明后，由分组会议、联组会议进行审议，并由有关的专门委员会进行审议、提出报告。”

十九、将第十五条改为第二十三条，第一款修改为：“列入会议议程的法律案，常务委员会听取说明并初次审议后，由宪法和法律委员会进行统一审议，向下次或者以后的常务委员会会议提出审议结果的报告。”

第二款修改为："有关法律问题的决定的议案和修改法律的议案，宪法和法律委员会统一审议后，可以向本次常务委员会会议提出审议结果的报告，也可以向下次或者以后的常务委员会会议提出审议结果的报告。"

增加一款，作为第三款："专门委员会对有关法律案进行审议并提出审议意见，印发常务委员会会议。"

增加一款，作为第四款："向全国人民代表大会提出的法律案，在全国人民代表大会闭会期间，可以先向常务委员会提出；常务委员会会议审议后，作出提请全国人民代表大会审议的决定。"

二十、将第十六条改为两条，作为第二十四条、第二十五条，修改为：

"第二十四条　提请批准国民经济和社会发展规划纲要、计划、预算的调整方案和决算的议案，交财政经济委员会审查，也可以同时交其他有关专门委员会审查，由财政经济委员会向常务委员会会议提出审查结果的报告。有关专门委员会的审查意见印发常务委员会会议。

"国民经济和社会发展规划纲要、计划的调整方案应当在常务委员会举行全体会议审查的四十五日前，交财政经济委员会进行初步审查。

“预算调整方案、决算草案应当在常务委员会举行全体会议审查的三十日前，交财政经济委员会进行初步审查。

“第二十五条　提请批准或者加入条约和重要协定的议案，交外事委员会审议，可以同时交其他有关专门委员会审议，由外事委员会向本次常务委员会会议提出审议结果的报告，也可以向下次或者以后的常务委员会会议提出审议结果的报告。有关专门委员会的审议意见印发常务委员会会议。”

二十一、增加一条，作为第二十六条：“依法需要报经常务委员会批准的法规和自治条例、单行条例等，由制定机关报送常务委员会，由委员长会议决定列入常务委员会会议议程，由有关的专门委员会进行审议并提出报告。”

二十二、增加一条，作为第二十七条：“列于《中华人民共和国香港特别行政区基本法》附件三、《中华人民共和国澳门特别行政区基本法》附件三的法律需要作出增减的，在征询香港特别行政区基本法委员会和香港特别行政区政府、澳门特别行政区基本法委员会和澳门特别行政区政府的意见后，由委员长会议提出议案，提请常务委员会会议审议。”

二十三、将第四章章名修改为“听取和审议报告”。

二十四、将第二十二条改为第三十三条，修改为：“常务委员会根据年度工作计划和需要听取国务院、国家监察委员会、最高人民法院、最高人民检察院的专项工作报告。

“常务委员会召开全体会议，定期听取下列报告：

“（一）关于国民经济和社会发展计划、预算执行情况的报告，关于国民经济和社会发展五年规划纲要实施情况的中期评估报告；

“（二）决算报告、审计工作报告、审计查出问题整改情况的报告；

“（三）国务院关于年度环境状况和环境保护目标完成情况的报告；

“（四）国务院关于国有资产管理情况的报告；

“（五）国务院关于金融工作有关情况的报告；

“（六）常务委员会执法检查组提出的执法检查报告；

“（七）专门委员会关于全国人民代表大会会议主席团交付审议的代表提出的议案审议结果的报告；

“（八）常务委员会办公厅和有关部门关于全国人民代表大会会议代表建议、批评和意见办理情况的报告；

“（九）常务委员会法制工作委员会关于备案审查工作情况的报告；

“（十）其他报告。”

二十五、将第二十四条改为第三十五条，修改为：“常务委员会组成人员对各项报告的审议意见交由有关机关研究处理。有关机关应当将研究处理情况向常务委员会提出书面报告。

“常务委员会认为必要的时候，可以对有关报告作出决议。有关机关应当在决议规定的期限内，将执行决议的情况向常务委员会报告。

“委员长会议可以根据工作报告中的建议、常务委员会组成人员的审议意见，提出有关法律问题或者重大问题的决定的议案，提请常务委员会审议，必要时由常务委员会提请全国人民代表大会审议。”

二十六、增加一条，作为第三十七条：“常务委员会围绕关系改革发展稳定大局和人民切身利益、社会普遍关注的重大问题，可以召开联组会议、分组会议，进行专题询问。

“根据专题询问的议题，国务院及国务院有关部门和国家监察委员会、最高人民法院、最高人民检察院的负责人应当到会，听取意见，回答询问。

“专题询问中提出的意见交由有关机关研究处理，有关机关应当及时向常务委员会提交研究处理情况报告。必要时，可以由委员长会议将研究处理情况报告提请常务委员会审议，由常务委员会作出决议。”

二十七、增加一条，作为第三十八条：“根据常务委员会工作安排或者受委员长会议委托，专门委员会可以就有关问题开展调研询问，并提出开展调研询问情况的报告。”

二十八、将第二十六条改为第三十九条，修改为：“在常务委员会会议期间，常务委员会组成人员十人以上联名，可以向常务委员会书面提出对国务院及国务院各部门和国家监察委员会、最高人民法院、最高人民检察院的质询案。”

二十九、将第三十一条改为第四十四条，第一款修改为：“在全体会议和联组会议上的发言，不超过十分钟；在分组会议上，第一次发言不超过十五分钟，第二次对同一问题的发言不超过十分钟。事先提出要求，经会议主持人同意的，可以延长发言时间。”

第二款修改为：“在常务委员会会议上的发言，由常务委员会办事机构工作人员记录，经发言人核对签字后，编印会议简报和存档。会议简报可以为纸质版，也可以为电子版。”

三十、将第三十二条改为第四十五条，增加一款，作为第三款：“出席会议的常务委员会组成人员应当参加表决。表决时，常务委员会组成人员可以表示赞成，可以表示反对，也可以表示弃权。”

三十一、将第三十四条改为第四十七条，修改为：“任免案、撤职案逐人表决，根据情况也可以合并表决。”

三十二、将第三十五条改为第四十八条，修改为：“常务委员会表决议案，采用无记名按表决器方式。常务委员会组成人员应当按表决器。如表决器系统在使用中发生故障，采用举手方式或者其他方式。

“常务委员会组成人员通过网络视频方式出席会议的，采用举手方式或者其他方式表决。”

三十三、增加一章，作为第七章“公布”；增加三条，分别作为第四十九条至第五十一条。内容如下：

“第七章　公布

“第四十九条　常务委员会通过的法律，由中华人民共和国主席签署主席令予以公布。

“常务委员会通过的其他决议、决定，由常务委员会公布。

“常务委员会通过的法律解释，关于全国人民代表大会代表选举、补选、辞职、罢免等事项，由常务委员会发布公告予以公布。

“第五十条　常务委员会决定任免的国务院副总理、国务委员以及各部部长、各委员会主任、中国人民银行行长、审计长、秘书长，由中华人民共和国主席根据常务委员会的决定，签署主席令任免并予以公布。

“第五十一条　常务委员会通过的法律、决议、决定及其说明、修改情况的汇报、审议结果的报告，发布的公告，决定批准或者加入的条约和重要协定，常务委员会、专门委员会的声明等，应当及时在常务委员会公报和中国人大网上刊载。”

三十四、将第二十三条、第二十五条中的“工作报告”修改为“报告”。

本决定自2022年6月25日起施行。

《中华人民共和国全国人民代表大会常务委员会议事规则》根据本决定作相应修改并对条文顺序作相应调整，重新公布。

中华人民共和国全国人民代表大会常务委员会议事规则

（1987年11月24日第六届全国人民代表大会常务委员会第二十三次会议通过　根据2009年4月24日第十一届全国人民代表大会常务委员会第八次会议《关于修改〈中华人民共和国全国人民代表大会常务委员会议事规则〉的决定》第一次修正　根据2022年6月24日第十三届全国人民代表大会常务委员会第三十五次会议《关于修改〈中华人民共和国全国人民代表大会常务委员会议事规则〉的决定》第二次修正）

目　　录

第一章　总　　则

第一条　为了健全全国人民代表大会常务委员会的议事程序，保障和规范其行使职权，根据宪法、全国人民代表大会组织法，总结全国人民代表大会常务委员会工作的实践经验，制定本规则。

第二条　全国人民代表大会常务委员会坚持中国共产党的领导，依照法定职权和法定程序举行会议、开展工作。

第三条　全国人民代表大会常务委员会坚持和发展全过程人民民主，始终同人民保持密切联系，倾听人民的意见和建议，体现人民意志，保障人民权益。

第四条　全国人民代表大会常务委员会审议议案、决定问题，实行民主集中制的原则，充分发扬民主，集体行使职权。

第五条　全国人民代表大会常务委员会举行会议，应当合理安排会期、议程和日程，提高议事质量和效率。

第二章　会议的召开

第六条　全国人民代表大会常务委员会会议一般每两个月举行一次，必要时可以加开会议；有特殊需要的时候，可以临时召集会议。

常务委员会会议召开的日期由委员长会议决定。

常务委员会会议由委员长召集并主持。委员长可以委托副委员长主持会议。

第七条　常务委员会会议有常务委员会全体组成人员的过半数出席，始得举行。

遇有特殊情况，经委员长会议决定，常务委员会组成人员可以通过网络视频方式出席会议。

第八条　委员长会议拟订常务委员会会议议程草案，提请常务委员会全体会议决定。

常务委员会举行会议期间，需要调整议程的，由委员长会议提出，经常务委员会全体会议同意。

会议日程由委员长会议决定。

第九条　常务委员会举行会议，应当在会议举行七日以前，将开会日期、建议会议讨论的主要事项，通知常务委员会组成人员和列席会议的人员；临时召集的会议，可以临时通知。

第十条 常务委员会举行会议的时候，国务院、中央军事委员会、国家监察委员会、最高人民法院、最高人民检察院的负责人列席会议。

不是常务委员会组成人员的全国人民代表大会专门委员会主任委员、副主任委员、委员，常务委员会副秘书长，工作委员会主任、副主任，香港特别行政区基本法委员会主任、副主任，澳门特别行政区基本法委员会主任、副主任，有关部门负责人，列席会议。

第十一条 常务委员会举行会议的时候，各省、自治区、直辖市和其他有关地方的人民代表大会常务委员会主任或者副主任一人列席会议，并可以邀请有关的全国人民代表大会代表列席会议。

遇有特殊情况，经委员长会议决定，可以调整列席人员的范围。

第十二条 常务委员会举行会议的时候，召开全体会议和分组会议，根据需要召开联组会议。

第十三条 常务委员会分组会议由委员长会议确定若干名召集人，轮流主持会议。

分组会议审议过程中有重大意见分歧或者其他重要情况的，召集人应当及时向秘书长报告。

分组名单由常务委员会办事机构拟订，报秘书长审定，并定期调整。

第十四条 常务委员会举行联组会议，由委员长主持。委员长可以委托副委员长主持会议。

联组会议可以由各组联合召开，也可以分别由两个以上的组联合召开。

第十五条 常务委员会举行会议的时候，常务委员会组成人员应当出席会议；因病或者其他特殊原因不能出席的，应当通过常务委员会办事机构向委员长书面请假。

常务委员会办事机构应当向委员长报告常务委员会组成人员出席会议的情况和缺席的原因。

常务委员会组成人员应当勤勉尽责，认真审议各项议案和报告，严格遵守会议纪律。

第十六条 常务委员会会议公开举行。常务委员会会议会期、议程、日程和会议情况予以公开。必要时，经委员长会议决定，可以暂不公开有关议程。

第十七条 常务委员会会议运用现代信息技术，推进会议文件资料电子化，采用网络视频等方式为常务委员会组成人员和列席人员履职提供便利和服务。

第三章　议案的提出和审议

第十八条　委员长会议可以向常务委员会提出属于常务委员会职权范围内的议案，由常务委员会会议审议。

国务院，中央军事委员会，国家监察委员会，最高人民法院，最高人民检察院，全国人民代表大会各专门委员会，可以向常务委员会提出属于常务委员会职权范围内的议案，由委员长会议决定列入常务委员会会议议程，或者先交有关的专门委员会审议、提出报告，再决定列入常务委员会会议议程。

常务委员会组成人员十人以上联名，可以向常务委员会提出属于常务委员会职权范围内的议案，由委员长会议决定是否列入常务委员会会议议程，或者先交有关的专门委员会审议、提出是否列入会议议程的意见，再决定是否列入常务委员会会议议程；不列入常务委员会会议议程的，应当向常务委员会会议报告或者向提案人说明。

第十九条　提请常务委员会会议审议的议案，应当在会议召开十日前提交常务委员会。

临时召集的常务委员会会议不适用前款规定。

向常务委员会提出议案，应当同时提出议案文本和说明。

第二十条 委员长会议根据工作需要，可以委托常务委员会的工作委员会、办公厅起草议案草案，并向常务委员会会议作说明。

第二十一条 对列入常务委员会会议议程的议案，提议案的机关、有关的专门委员会、常务委员会有关工作部门应当提供有关的资料。

任免案、撤职案应当附有拟任免、撤职人员的基本情况和任免、撤职理由；必要的时候，有关负责人应当到会回答询问。

第二十二条 常务委员会全体会议听取关于议案的说明。内容相关联的议案可以合并说明。

常务委员会全体会议听取议案说明后，由分组会议、联组会议进行审议，并由有关的专门委员会进行审议、提出报告。

第二十三条 列入会议议程的法律案，常务委员会听取说明并初次审议后，由宪法和法律委员会进行统一审议，向下次或者以后的常务委员会会议提出审议结果的报告。

有关法律问题的决定的议案和修改法律的议案，宪法和法律委员会统一审议后，可以向本次常务委员会会议提出审议结果的报告，也可以向下次或者以后的常务委员会会议提出审议结果的报告。

专门委员会对有关法律案进行审议并提出审议意见，印发常务委员会会议。

向全国人民代表大会提出的法律案，在全国人民代表大会闭会期间，可以先向常务委员会提出；常务委员会会议审议后，作出提请全国人民代表大会审议的决定。

第二十四条　提请批准国民经济和社会发展规划纲要、计划、预算的调整方案和决算的议案，交财政经济委员会审查，也可以同时交其他有关专门委员会审查，由财政经济委员会向常务委员会会议提出审查结果的报告。有关专门委员会的审查意见印发常务委员会会议。

国民经济和社会发展规划纲要、计划的调整方案应当在常务委员会举行全体会议审查的四十五日前，交财政经济委员会进行初步审查。

预算调整方案、决算草案应当在常务委员会举行全体会议审查的三十日前，交财政经济委员会进行初步审查。

第二十五条　提请批准或者加入条约和重要协定

的议案，交外事委员会审议，可以同时交其他有关专门委员会审议，由外事委员会向本次常务委员会会议提出审议结果的报告，也可以向下次或者以后的常务委员会会议提出审议结果的报告。有关专门委员会的审议意见印发常务委员会会议。

第二十六条 依法需要报经常务委员会批准的法规和自治条例、单行条例等，由制定机关报送常务委员会，由委员长会议决定列入常务委员会会议议程，由有关的专门委员会进行审议并提出报告。

第二十七条 列于《中华人民共和国香港特别行政区基本法》附件三、《中华人民共和国澳门特别行政区基本法》附件三的法律需要作出增减的，在征询香港特别行政区基本法委员会和香港特别行政区政府、澳门特别行政区基本法委员会和澳门特别行政区政府的意见后，由委员长会议提出议案，提请常务委员会会议审议。

第二十八条 常务委员会联组会议可以听取和审议专门委员会对议案审议意见的汇报，对会议议题进行讨论。

第二十九条 提议案的机关的负责人可以在常务委员会全体会议、联组会议上对议案作补充说明。

第三十条 列入常务委员会会议议程的议案，在交付表决前，提案人要求撤回的，经委员长会议同意，对该议案的审议即行终止。

第三十一条　拟提请常务委员会全体会议表决的议案，在审议中有重大问题需要进一步研究的，经委员长或者委员长会议提出，联组会议或者全体会议同意，可以暂不付表决，交有关专门委员会进一步审议，提出审议报告。

第三十二条　常务委员会认为必要的时候，可以组织关于特定问题的调查委员会，并且根据调查委员会的报告，作出相应的决议。

第四章　听取和审议报告

第三十三条　常务委员会根据年度工作计划和需要听取国务院、国家监察委员会、最高人民法院、最高人民检察院的专项工作报告。

常务委员会召开全体会议，定期听取下列报告：

（一）关于国民经济和社会发展计划、预算执行情况的报告，关于国民经济和社会发展五年规划纲要实施情况的中期评估报告；

（二）决算报告、审计工作报告、审计查出问题整改情况的报告；

（三）国务院关于年度环境状况和环境保护目标完成情况的报告；

（四）国务院关于国有资产管理情况的报告；

（五）国务院关于金融工作有关情况的报告；

（六）常务委员会执法检查组提出的执法检查报告；

（七）专门委员会关于全国人民代表大会会议主席团交付审议的代表提出的议案审议结果的报告；

（八）常务委员会办公厅和有关部门关于全国人民代表大会会议代表建议、批评和意见办理情况的报告；

（九）常务委员会法制工作委员会关于备案审查工作情况的报告；

（十）其他报告。

第三十四条 常务委员会全体会议听取报告后，可以由分组会议和联组会议进行审议。

委员长会议可以决定将报告交有关的专门委员会审议，提出意见。

第三十五条 常务委员会组成人员对各项报告的审议意见交由有关机关研究处理。有关机关应当将研究处理情况向常务委员会提出书面报告。

常务委员会认为必要的时候，可以对有关报告作出决议。有关机关应当在决议规定的期限内，将执行决议的情况向常务委员会报告。

委员长会议可以根据工作报告中的建议、常务委员会组成人员的审议意见，提出有关法律问题或者重大问题的决定的议案，提请常务委员会审议，必要时由常务委员会提请全国人民代表大会审议。

第五章　询问和质询

第三十六条　常务委员会分组会议对议案或者有关的报告进行审议的时候，应当通知有关部门派人到会，听取意见，回答询问。

常务委员会联组会议对议案或者有关的报告进行审议的时候，应当通知有关负责人到会，听取意见，回答询问。

第三十七条　常务委员会围绕关系改革发展稳定大局和人民切身利益、社会普遍关注的重大问题，可以召开联组会议、分组会议，进行专题询问。

根据专题询问的议题，国务院及国务院有关部门和国家监察委员会、最高人民法院、最高人民检察院的负责人应当到会，听取意见，回答询问。

专题询问中提出的意见交由有关机关研究处理，有关机关应当及时向常务委员会提交研究处理情况报告。必要时，可以由委员长会议将研究处理情况报告提请常务委员会审议，由常务委员会作出决议。

第三十八条 根据常务委员会工作安排或者受委员长会议委托，专门委员会可以就有关问题开展调研询问，并提出开展调研询问情况的报告。

第三十九条 在常务委员会会议期间，常务委员会组成人员十人以上联名，可以向常务委员会书面提出对国务院及国务院各部门和国家监察委员会、最高人民法院、最高人民检察院的质询案。

第四十条 质询案必须写明质询对象、质询的问题和内容。

第四十一条 质询案由委员长会议决定交由有关的专门委员会审议或者提请常务委员会会议审议。

第四十二条 质询案由委员长会议决定，由受质询机关的负责人在常务委员会会议上或者有关的专门委员会会议上口头答复，或者由受质询机关书面答复。在专门委员会会议上答复的，专门委员会应当向常务委员会或者委员长会议提出报告。

质询案以书面答复的，应当由被质询机关负责人签署，并印发常务委员会组成人员和有关的专门委员会。

专门委员会审议质询案的时候，提质询案的常务委员会组成人员可以出席会议，发表意见。

第六章　发言和表决

第四十三条　常务委员会组成人员在全体会议、联组会议和分组会议上发言，应当围绕会议确定的议题进行。

常务委员会全体会议或者联组会议安排对有关议题进行审议的时候，常务委员会组成人员要求发言的，应当在会前由本人向常务委员会办事机构提出，由会议主持人安排，按顺序发言。在全体会议和联组会议上临时要求发言的，经会议主持人同意，始得发言。在分组会议上要求发言的，经会议主持人同意，即可发言。

列席会议的人员的发言，适用本章有关规定。

第四十四条　在全体会议和联组会议上的发言，不超过十分钟；在分组会议上，第一次发言不超过十五分钟，第二次对同一问题的发言不超过十分钟。事先提出要求，经会议主持人同意的，可以延长发言时间。

在常务委员会会议上的发言，由常务委员会办事机构工作人员记录，经发言人核对签字后，编印会议简报和存档。会议简报可以为纸质版，也可以为电子版。

第四十五条 表决议案由常务委员会全体组成人员的过半数通过。

表决结果由会议主持人当场宣布。

出席会议的常务委员会组成人员应当参加表决。表决时，常务委员会组成人员可以表示赞成，可以表示反对，也可以表示弃权。

第四十六条 交付表决的议案，有修正案的，先表决修正案。

第四十七条 任免案、撤职案逐人表决，根据情况也可以合并表决。

第四十八条 常务委员会表决议案，采用无记名按表决器方式。常务委员会组成人员应当按表决器。如表决器系统在使用中发生故障，采用举手方式或者其他方式。

常务委员会组成人员通过网络视频方式出席会议的，采用举手方式或者其他方式表决。

第七章 公 布

第四十九条 常务委员会通过的法律，由中华人民共和国主席签署主席令予以公布。

常务委员会通过的其他决议、决定，由常务委员会公布。

常务委员会通过的法律解释，关于全国人民代表大会代表选举、补选、辞职、罢免等事项，由常务委员会发布公告予以公布。

第五十条 常务委员会决定任免的国务院副总理、国务委员以及各部部长、各委员会主任、中国人民银行行长、审计长、秘书长，由中华人民共和国主席根据常务委员会的决定，签署主席令任免并予以公布。

第五十一条 常务委员会通过的法律、决议、决定及其说明、修改情况的汇报、审议结果的报告，发布的公告，决定批准或者加入的条约和重要协定，常务委员会、专门委员会的声明等，应当及时在常务委员会公报和中国人大网上刊载。

第八章 附 则

第五十二条 本规则自公布之日起施行。

关于《中华人民共和国全国人民代表大会常务委员会议事规则（修正草案）》的说明

——2021年12月20日在第十三届全国人民代表大会常务委员会第三十二次会议上

全国人大常委会法制工作委员会副主任　武　增

全国人民代表大会常务委员会：

我受委员长会议委托，作关于《中华人民共和国全国人民代表大会常务委员会议事规则（修正草案）》的说明。

一、修改全国人大常委会议事规则的必要性和重大意义

人民代表大会制度是我国的根本政治制度，全国人大常委会是全国人民代表大会的常设机关，行使宪法和法律赋予的重要职权。我国宪法第七十八条规定："全国人民代表大会和全国人民代表大会常务委员会的组织和工作程序由法律规定。"全国人大常委会议事规则是1987年11月六届全国人大常委会第二十三次会议通过的，2009年4月十一届全国人大常委会第八次会议作了部分修改。这部法律的颁布施行，对于保障全国人大常委会依法行使职权发挥了重要作用。党的十八大以来，以习近平同志为核心的党中央高度重视人大工作，推动人民代表大会制度理论和实践取得重大成果，形成了习近平总书记关于坚持和完善人民代表大会制度的重要思想。党的十九大和十九届四中全会决定明确提出，健全人大组织制度、工作制度和议事规则。今年3月，十三届全国人大四次会议对全国人大组织法和全国人大议事规则作了修改。10月，党中央召开中央人大工作会议，就新时代坚持和完善人民代表大会制度，加强和改进人大工作作出部署。贯彻习近平法治思想、习近平总书记关于坚持和完善人民代表大会制度的重要思想，贯彻中央人大工作会议精神，落实党中央重大决策部署和修改后的全国人大组织法的规定，有必要认真总结实践经验，修改全国人大常委会议事规则，进一步完善全国人大常委会的会议制度和工作程序。

（一）修改全国人大常委会议事规则是贯彻落实全过程人民民主、保证人民当家作主的必然要求

人民当家作主是社会主义民主政治的本质和核心，

是社会主义的生命。习近平总书记在今年“七一”重要讲话中，站在人民创造历史的高度，从全心全意为人民服务根本宗旨出发，强调“发展全过程人民民主”；在中央人大工作会议上的重要讲话中，对不断发展全过程人民民主作出深刻阐述，提出明确要求。人民代表大会制度是实现全过程人民民主的重要制度载体。全国人大常委会作为最高国家权力机关的常设机关，其行使立法、监督等各项法定职权，讨论和决定重大事项，都是在充分讨论和听取各方面意见、集思广益的基础上，集体做出决策。全国人大常委会履职的各个方面各个环节，无论是选举，还是立法、监督、代表等工作，都充分体现了全过程人民民主的特点和要求，充分彰显了中国特色社会主义民主政治的独特优势。修改全国人大常委会议事规则，健全常委会会议制度和工作程序，有利于更好地保障全国人大常委会依法行使职权，更好地贯彻和体现全过程人民民主的重大理念，更好地保证人民当家作主。

（二）修改全国人大常委会议事规则是深入总结实践经验、坚持和完善人民代表大会制度的客观要求

全国人大常委会的会议制度和工作程序是人民代表大会制度的重要内容。1987 年全国人大常委会议事

规则制定尤其是党的十八大以来，全国人大常委会在立法、监督、代表等各项工作中积极探索，形成不少好的经验做法，人民代表大会制度不断得到巩固和发展，展现出显著优势和巨大功效。从全国人大常委会工作的具体实践看，常委会全体会议、分组会议的召集和举行更加规范，联组会议的议题更加丰富，法律案、预算案等各项议案的审议、审查更加充分；常委会不断加强和改进监督工作，听取和审议工作报告以及关于工作报告的审议意见和执行情况的处理更加完善，常委会专题询问有序开展，执法检查工作取得新成效。修改全国人大常委会议事规则，认真总结这些好的经验做法，及时将其上升成为法律制度，从而更好地为全国人大常委会行使职权提供法律保障，推动人民代表大会制度更加成熟、更加定型。

（三）修改全国人大常委会议事规则是提高常委会议事质量和效率、适应新时代加强和改进人大工作的重要举措

党的十八大以来，以习近平同志为核心的党中央全面加强党对人大工作的领导，人民代表大会制度在新时代日益焕发出蓬勃生机活力。面对错综复杂的国际形势、艰巨繁重的改革发展稳定任务，全国人大常

委会在党中央坚强领导下，坚持以习近平新时代中国特色社会主义思想为指导，认真履行法定职责，立法、监督、代表、对外交往、自身建设等工作取得新进展新成效，为推动重大工作部署、应对重大风险挑战、维护国家安全提供法律保障，有效发挥了国家权力机关的职能作用。例如，新冠肺炎疫情发生以来，全国人大常委会坚决贯彻落实党中央关于新冠肺炎疫情防控工作的重大决策部署，迅速行动、担当作为，及时作出禁止野生动物非法交易和食用的决定，统筹推进公共卫生法治保障体系立法修法工作。2020 年 6 月常委会连续召开两次会议，根据宪法、香港基本法和全国人大有关决定，制定香港特别行政区维护国家安全法并将其列入香港基本法附件三，从国家层面建立健全香港特别行政区维护国家安全的法律制度和执行机制；今年 3 月十三届全国人大四次会议闭幕不久，常委会专门加开会议，全面系统修改香港基本法附件一和附件二，完善香港特别行政区选举制度，落实“爱国者治港”原则。修改全国人大常委会议事规则，把近年来疫情防控背景下采取“现场+网络视频”方式召开常委会会议、根据需要加开常委会会议等一些创新做法固定下来，形成高效的工作机制，有利于进一步提高常委会会议质量和效率，更好地贯彻落实党中央决策部署、全面提升人大工作质量和水平。

二、修改的指导思想、遵循的原则和工作过程

修改全国人大常委会议事规则坚持以习近平新时代中国特色社会主义思想为指导和根本遵循，全面贯彻落实党的十九大和十九届历次全会精神和中央人大工作会议精神，贯彻落实修改后的宪法和全国人大组织法的规定，健全全国人大常委会会议制度和工作程序，保障全国人大常委会依法行使职权。

修改工作遵循的原则：一是贯彻落实习近平法治思想、习近平总书记关于坚持和完善人民代表大会制度的重要思想和关于发展全过程人民民主的重要论述，加强人民群众对全国人大常委会工作的知情权、参与权、表达权、监督权，充分体现人民当家作主。二是总结吸收人民代表大会制度实践的新经验新成果，适应全国人大常委会工作面临的新情况、解决实践中遇到的新问题。三是适应信息技术发展新形势，总结新冠肺炎疫情以来常委会会议组织的经验，全面提升人大工作质量和水平。四是做好与修改后的全国人大组织法和全国人大议事规则的衔接，同时处理好与立法法、预算法、监督法等相关法律之间的关系。

修改常委会议事规则列入十三届全国人大常委会立法规划和全国人大常委会2021年度立法工作计划。按照工作安排，全国人大常委会法工委于2019年开始启动修改工作，一是认真学习、深刻领会习近平法治思想、习近平总书记关于坚持和完善人民代表大会制度的重要思想和关于发展全过程人民民主的重要论述。二是对常委会议事规则有关问题开展专题研究，认真梳理历年来全国人大代表和政协委员提出的有关议案、建议和提案。三是多次召开座谈会，分别听取全国人大各专门委员会、常委会办事机构和工作机构，部分常委会委员的意见。四是征求40多家中央有关部门、单位的意见。在此基础上，形成了修正草案。

三、修改的主要内容

全国人大常委会议事规则修正草案共30条，主要修改内容如下：

（一）充实“总则”内容

一是贯彻落实习近平总书记关于全过程人民民主的重要论述，增加规定：全国人大常委会坚持全过程人民民主，始终同人民保持密切联系，倾听人民的意见和建议，体现人民意志，保障人民权益。二是明确程序原则，增加规定：常委会会议依照法定程序进行。

三是反映全国人大常委会会议的新特点新要求，增加规定：常委会会议应当合理安排会议日程，提高议事质量和效率。

（二）根据实践需要适当增加会议频次和创新会议形式

近年来，常委会在会议组织方面有很多新做法，体现了会议制度的与时俱进，有必要进行总结并上升为法律规定。一是明确可以加开常委会会议。将常委会议事规则中常委会会议一般每两个月举行一次的规定修改为常委会“会议一般每两个月举行一次，必要时可以加开会议”。同时，对决定会议日期和日程予以明确，增加规定：常委会会议召开的日期、日程由委员长会议决定。二是在新冠肺炎疫情防控形势下，常委会会议曾采取“现场+网络视频”的形式召开，取得良好效果。据此增加规定：遇有特殊情况，经委员长会议决定，常委会组成人员可以通过网络视频方式出席会议；常委会组成人员通过网络视频方式出席会议的，采用举手方式或者其他方式表决。

（三）优化会议组织安排，提高议事质量和效率

有关会议组织安排方面的规定是常委会议事规则的重要内容，随着实践发展，需要对此作出完善。一

是进一步规范分组会议和联组会议，增加规定：分组会议的召集人轮流主持会议，组织常委会组成人员和列席人员围绕会议议题充分发表意见，出现重大分歧意见或者其他重要情况，分组会议的召集人应当及时向秘书长报告；同时，明确联组会议可以由各组联合召开，也可以分别由两个以上的组联合召开。二是为提高会议效率，根据实际做法增加规定：内容相关联的议案可以合并说明。三是明确议案提交常委会的截止时间，增加规定：提请常委会会议审议的议案，应当在会议召开十日前提交常委会。四是进一步完善会议列席制度，增加规定：不是常委会组成人员的“香港特别行政区基本法委员会和澳门特别行政区基本法委员会的主任、副主任”列席会议；根据实践中邀请部分设区的市人大常委会负责人列席会议的做法，增加规定：“其他有关地方”的人大常委会主任或者副主任一人列席会议。五是为推动会议不断提高信息化水平，增加规定：常委会运用现代信息技术，推进会议文件资料电子化，采用网络视频等方式为常委会组成人员和列席人员提供便利和服务。

（四）增加改进会风会纪有关内容

本届以来，全国人大常委会采取一系列措施改进会风会纪，取得明显成效。此次修改建议增加这方面的内容。一是细化请假制度，明确常委会组成人员因病或者其他特殊原因不能出席的，应当通过常委会办事机构向委员长请假；常委会办事机构应当向委员长报告常委会组成人员出席会议的情况和缺席的原因。二是明确会议纪律，增加规定：常委会组成人员应当勤勉尽责，认真审议各项议案和报告，严格遵守会议纪律。三是增加规定：出席会议的常委会组成人员应当参加表决。

（五）完善议案审议程序

常委会议事规则有关议案审议的规定较为原则，根据多年来的实践发展，对议案审议程序予以适当完善。一是与有关预算、决算的法律和决定相衔接，增加规定：决算草案、预算调整方案应当在常委会举行全体会议审查的三十日前，交财政经济委员会进行初步审查。二是完善条约批准程序，增加规定：提请批准条约和协定的议案，由外事委员会向本次常委会会议提出审议结果的报告，也可以向下次或者以后的常委会会议提出审议结果的报告。三是完善自治条例、单行条例和法规的批准程序，增加规定：法律规定的需要报常委会批准的自治条例、单行条例和法规等，由其制定机关报常委会办事机构，由委员长会议决定提请常委会会议审议；需要报常委会批准的自治条例、单行条例和法规等，由有关的专门委员会进行审议并提出审议结果的报告。四是根据香港、澳门两个特别行政区基本法的规定以及实践做法，增加规定：列于《中华人民共和国香港特别行政区基本法》附件三、《中华人民共和国澳门特别行政区基本法》附件三的法律需要作出增减的，常委会在征询香港特别行政区基本法委员会和香港特别行政区政府、澳门特别行政区基本法委员会和澳门特别行政区政府的意见后，由委员长会议提出议案，提请常委会会议审议。

（六）增加规定常委会听取的报告和相关程序

根据有关法律规定和新的实践做法，对常委会听取的工作报告的范围和程序进行补充完善。一是增加规定：常委会全体会议听取关于国民经济和社会发展五年规划纲要实施情况中期评估报告，听取国务院关于年度环境状况和环境保护目标完成情况的报告，听取国务院关于国有资产管理情况的报告，听取专门委员会关于全国人大主席团交付审议的代表提出的议案审议结果的报告，听取常委会办公厅和有关部门关于全国人大代表建议、批评和意见办理情况的报告，听取常委会法工委关于备案审查工作情况的报告。二是明确有关工作报告审议意见的处理程序，增加规定：常委会组成人员对各项工作报告的审议意见，可以交有关国家机关研究处理；有关国家机关应当将研究处理情况向常委会提出书面报告；常委会认为必要的时候，可以对工作报告作出决议；决议可以要求有关国家机关在规定的期限内，将执行决议的情况向常委会报告。三是明确公开要求，增加规定：常委会听取的工作报告及审议意见，有关国家机关对相关报告、审议意见的研究处理情况或者执行决议情况的报告，应当向全国人大代表通报并向社会公布。

（七）增加规定专题询问

开展专题询问是常委会开展监督工作的一项创新制度，经过多年的实践，已经比较成熟，据此增加规定：一是常委会可以结合听取和审议专项工作报告和执法检查报告，围绕改革发展稳定大局和人民切身利益、社会普遍关注的重大问题，召开联组会议，进行专题询问。二是根据专题询问的议题，国务院及国务院各部门和国家监察委员会、最高人民法院、最高人民检察院的负责人应当到会，听取意见，回答询问。三是专题询问中提出的意见送有关机关研究落实，有关部门应当及时向常委会提交整改落实情况报告，必要时，可以由委员长会议将整改落实情况报告提请常委会审议，由常委会作出决议。

（八）完善发言和表决制度

根据实践做法和实际需要，增加规定：一是常委会组成人员在分组会议上的发言，应当按照议题先后顺序逐项进行。二是会议简报可以采用电子版形式分发。三是表决时，常委会组成人员可以表示赞成，可以表示反对，也可以表示弃权。四是表决采用无记名按表决器方式，常委会组成人员应当按表决器；如表决器系统在使用中发生故障，采用举手方式或者其他方式。

（九）增设“公布”一章

常委会表决通过的事项是国家意志的体现，需以特定的方式予以公布。为此，增设“公布”一章。一是明确法律决议决定等事项的公布，增加规定：常委会通过的法律，由中华人民共和国主席签署主席令予以公布；常委会通过的法律解释、关于全国人大代表选举、补选、辞职、罢免等事项，由常委会发布公告予以公布；常委会通过的其他决议、决定，以常委会名义公布。二是明确人事任免事项的公布，增加规定：

常委会决定任免的国务院副总理、国务委员以及各部部长、各委员会主任、中国人民银行行长、审计长、秘书长，由中华人民共和国主席根据常委会的决定，签署主席令任免并予以公布。三是为进一步增强会议公开性，便于社会公众了解会议情况，增加规定：常委会会议通过的法律、决议、决定，发布的公告，以及法律草案的说明、审议结果的报告等，应当及时在常委会公报和中国人大网上刊载。

（十）体现机构改革成果

根据中央深化党和国家机构改革决定和修改后的全国人大组织法的规定，增加“国家监察委员会”有关提出议案、接受询问等方面的职权职责，将“法律委员会”改为“宪法和法律委员会”。

全国人大常委会议事规则修正草案和以上说明是否妥当，请审议。